SOCIÉTÉ PHILANTHROPIQUE
DES
COMMIS ET EMPLOYÉS DE LA VILLE DE MARSEILLE

FONDÉE LE 8 OCTOBRE 1848

Supplément au BULLETIN ADMINISTRATIF de Janvier 1892

RELATION

DES

*Fêtes données à l'occasion de la nomination
dans la Légion d'Honneur de M. Casimir CHANAL, Président,
et du 43ᵉ Anniversaire de la Fondation
de la Société.*

MARSEILLE

TYPOGRAPHIE ET LITHOGRAPHIE BARLATIER ET BARTHELET

Rue Venture, 19.

1892

SOCIÉTÉ PHILANTHROPIQUE
DES
COMMIS ET EMPLOYÉS DE LA VILLE DE MARSEILLE

FONDÉE LE 8 OCTOBRE 1848

Supplément au BULLETIN ADMINISTRATIF de Janvier 1892

RELATION

DES

Fêtes données à l'occasion de la nomination dans la Légion d'Honneur de M. Casimir CHANAL, Président, et du 43ᵉ Anniversaire de la Fondation de la Société.

MARSEILLE

TYPOGRAPHIE ET LITHOGRAPHIE BARLATIER ET BARTHELET

Rue Venture, 19

1892

SOCIÉTÉ PHILANTHROPIQUE

DES

COMMIS & EMPLOYÉS DE LA VILLE DE MARSEILLE

FONDÉE LE 8 OCTOBRE 1848

RELATION

*Des Fêtes données à l'occasion de la nomination
dans la Légion d'Honneur de M. Casimir CHANAL, Président,
et du 43ᵉ Anniversaire de la Fondation
de la Société.*

Il est revenu de divers côtés au Conseil que nombre de sociétaires désiraient que le *Bulletin Administratif* contînt la narration des fêtes données à l'occasion de la nomination de notre affectionné président, M. Chanal, dans la Légion d'Honneur. Ce vœu ne pouvait qu'être accueilli favorablement ; les marques de sympathie et de reconnaissance que la Société s'est plu récemment à prodiguer à l'homme de bien qui la préside, ne l'honorent-elles pas elle-même autant que celui qui en fut l'objet ? Et de quel droit supprimerait-on dans notre histoire cette page — la plus belle jusqu'à ce jour — dont le dévouement de chacun à l'œuvre commune pourra s'inspirer pour grandir ? Nous ne croyons pas émettre un paradoxe en avançant que les mérites récompensés et célébrés en M. Chanal, ne sont pas sa propriété exclusive : ils font aussi la gloire d'une œuvre dont le but fut assez généreux et assez large pour s'attirer le concours d'une si brillante intelligence et d'un cœur si ouvert.

Cette brochure a donc un but plus élevé que celui de retracer les honneurs rendus à l'un des nôtres au sein de l'Association. On peut espérer qu'il ressortira de ce travail, non-seulement pour nous la conscience d'avoir acquitté une dette de gratitude, mais encore et surtout la preuve éclatante que notre Société marche dans une ère de succès.

Nos collègues voudront bien, sans autre préambule, nous suivre dans notre récit.

.˙.

Le 8 octobre dernier, les membres du bureau se rendaient à la Préfecture, suivant l'usage, pour présenter leurs hommages aux ministres venus à Marseille. Introduit avec ses collègues dans le salon de réception, M. le président Chanal prononce la courte allocution suivante :

MONSIEUR LE PRÉSIDENT DU CONSEIL,

MESSIEURS LES MINISTRES,

J'ai l'honneur de vous présenter le bureau de la Société Philanthropique des Commis et Employés.

Notre Association est une Société de secours mutuels et de retraites, qui a été fondée en 1848. Elle est la plus importante de Marseille et l'une des plus importantes de France.

Nous nous efforçons de faire quelque bien à la classe si intéressante des employés. Aussi sommes-nous délégués par nos 3.300 administrés pour venir vous porter nos vœux de bienvenue dans notre ville de Marseille et l'expression de notre gratitude pour tout ce que vous faites en faveur des travailleurs de tous ordres.

Nous sommes entièrement dévoués aux institutions de notre chère patrie, car c'est librement qu'elle se les est données, et, tout en restant fidèles aux statuts qui nous imposent une complète neutralité en matières politiques et religieuses, nous vous prions de recevoir le respectueux hommage de notre profond attachement à la République.

M. de Freycinet, Président du Conseil, remercie M. Chanal des sentiments que ce dernier vient d'exprimer. Il dit qu'il entre dans les vues du cabinet de fournir aux ouvriers et aux employés les moyens de parer aux terribles éventualités de la maladie et de la vieillesse. Le gouvernement actuel encouragera, autant qu'il sera en son pouvoir, les associations mutuelles et les citoyens qui consacrent leur temps et leurs lumières au développement de ces œuvres de paix sociale.

M. de Freycinet ajoute que M. le Ministre de l'Intérieur, son collègue, va avoir le plaisir de remettre à notre Président, en récompense des services signalés qu'il a rendus à notre Société, une marque de haute satisfaction. A ces mots, M. Constans s'approche de M. Chanal et fixe sur sa poitrine la croix de la Légion d'Honneur. Le moment est émouvant, et ceux d'entre nous qui sont les témoins de cette scène attendrissante en garderont un impérissable souvenir. Le nouveau légionnaire n'a pas assez de ses deux mains pour serrer celles qui se tendent vers lui. M. Rouvier, ministre des Finances, lui exprime très chaleureusement ses félicitations auxquelles M. le préfet Galtié, qui lui donne l'accolade, joint les siennes avec beaucoup d'amabilité.

Dans la soirée, notre local est brillamment illuminé pour fêter l'heureux événement.

Le lendemain et les jours suivants, les journaux commentent en termes très élogieux *notre* décoration, et une avalanche de cartes de visite, de lettres et de télégrammes s'abat dans nos bureaux. Les visiteurs se pressent dans le cabinet de M. Chanal, tous empressés, tous sincères dans l'expression de la joie qu'ils ressentent.

Quelques jours après, le *Bulletin Administratif* paraissait et publiait, en tête du sommaire, la communication suivante adoptée par le Conseil dans la séance tenue spécialement à cet effet le lundi 12 octobre, sous la présidence de M. Paul Pagès, vice-président.

« C'est avec un vif sentiment de joie que le Conseil d'Adminis-
« tration a reçu, au moment même où allait paraître le Bulletin
« Administratif, la nouvelle de la nomination de notre affectionné
« président M. Casimir Chanal, au grade de chevalier dans l'or-
« dre national de la Légion d'honneur. Le 8 octobre est une date
« qui marquera doublement désormais dans nos annales : elle
« nous ramenait déjà l'anniversaire de la fondation de notre
« Société ; nous aurons maintenant à nous rappeler qu'à pareil
« jour la croix des braves fut placée sur la poitrine de l'un des
« nôtres, et que c'était le prix bien mérité de dix années d'efforts
« incessants dépensés pour le plus grand bien de l'œuvre com-
« mune par celui que venait honorer cette haute distinction.

« Devant les témoignages d'amitié aussi imposants par le nom-
« bre que chaleureux dans la forme dont le nouveau légionnaire
« s'est vu accablé ces jours-ci, le Conseil qui s'était dévoué à
« cette tâche de reconnaissance est heureux de constater qu'en
« prenant l'initiative d'attirer l'attention du Gouvernement de la
« République sur cet homme de bien, il n'a fait que répondre au
« vœu unanime de tous les membres de notre grande association.

« Le sentiment de notre gratitude, quoique non encore
« exprimé, ne pesait nullement en nos cœurs. Nous connaissions
« trop la hauteur d'âme de notre président pour n'être pas cer-
« tains de son désintéressement. Nous avons longtemps reçu de
« lui sans compter, sachant bien qu'il ne voulait pas autre chose
« que forcer nos sympathies. Il avait sur ce point réussi dès la
« première heure. Parmi les anciens, qui ne se rappelle l'activité
« prodigieuse déployée par M. Chanal pendant la première année
« de sa présidence. Et depuis, quelle constance dans son dévoue-
« ment à l'œuvre dont il avait entrepris l'agrandissement, quelle
« énergie prudente dans la direction des affaires qui lui étaient

« confiées ! Nous ne referons pas l'historique de cette remar-
« quable période pendant laquelle nous avons vu notre effectif se
« quadrupler, nos statuts révisés et élargis, tous nos services
« réorganisés, notre comptabilité — orgueil de notre réunion de
« commis — établie sur des bases scientifiques indestructibles.
« Par des progrès de chaque instant, notre institution a conquis
« une large place dans le mouvement mutualiste qui marquera
« glorieusement cette fin de siècle, et c'est bien avec l'accent de
« la vérité que M. Chanal a pu dire devant les cinq ministres venus
« récemment dans notre cité que notre Association mutuelle était
« *la plus importante de Marseille et l'une des plus importantes*
« *de France !*

« L'événement que nous sommes heureux de saluer aujour-
« d'hui de nos applaudissements a eu de profonds échos de sym-
« pathie dans la presse et dans tout le grand public marseillais.
« En ce qui concerne le monde commercial où M. Chanal a su se
« créer — fils de ses œuvres — une situation des plus enviées,
« soit comme négociant, soit comme agent de la Compagnie géné-
« rale des bateaux à vapeur à hélice du Nord, de Dunkerque, nous
« étions, depuis longtemps déjà, fixés sur les sentiments d'estime
« dont son nom est entouré. Sans nous arrêter, à ce point de vue,
« à son élection récente comme vice-président de la Société pour
« la Défense du Commerce, nous ne voulons pour preuve de la
« favorable impression produite sur notre place par la distinction
« accordée à M. Chanal, que notre effectif de membres honoraires
« dont les trois quarts au moins sont venus à nous par son entre-
« mise et par l'effort de son dévouement toujours prêt. Esprit très
« cultivé, sa parole éloquente fut pour lui un instrument de succès
« dans l'œuvre de propagande à outrance qu'il a si vigoureuse-
« ment menée.

« Si notre association marque la première étape de M. Chanal
« dans l'accomplissement de sa mission sociale, depuis, son action
« a dû s'étendre, sollicitée en vingt endroits divers. A la Caisse
« d'épargne, à la Société des habitations salubres et à bon mar-
« ché, au Comité général de la Mutualité des Bouches-du-Rhône

« dont il fut l'un des promoteurs, à l'Alliance Française, dont la
« section marseillaise l'a choisi comme vice-président, il s'est
« toujours montré égal à lui-même, satisfaisant, à force d'ordre,
« de bonne volonté et d'intelligence, à tous les mandats acceptés.
  « Une récompense nationale s'imposait donc à l'endroit de ce
« bon citoyen, dont les facultés brillantes se sont modestement
« consacrées au triomphe d'humbles causes. Le Gouvernement
« l'a compris ; nous l'en félicitons et l'en remercions sans arrière-
« pensée, car la politique n'a rien à voir dans cet acte de justice.
  « Tout le monde pensera avec nous que, par son passé, M. Chanal
« avait depuis longtemps acquis d'imprescriptibles droits à la
« précieuse marque officielle de satisfaction qu'il vient de rece-
« voir, comme il demeure digne, en face de l'avenir, de plus
« hautes destinées. »

Les Vice-Présidents,
PAUL PAGÈS.   EMILE LAMY.

Le Trésorier,   *Le Secrétaire-Général,*
HILARION POUSSEL.   GUSTAVE GONTARD.

Les Secrétaires,
PIERRE VÉRAN.   LÉONIDAS DEMOUCHE.
ANTOINE LAMBROSCHINI.   LOUIS MONLAÜ.

L'Économe,   *L'Archiviste-Bibliothécaire,*
ETIENNE LION.   JULES BLISSON.

Les Scrutateurs,
ANDRÉ BOULAN.   JULES MEISSEL.

Les Conseillers,
MARCELLIN BARNIER.   GÉDÉON FOULQUIER.   EUGÈNE CROISY.
LOUIS GANTEAUME.   JOSEPH LAVABRE.   HENRI MARGAILLAN.
EUGÈNE AICARD.   MARIUS BOYER.   MARIUS MEYFFREN.
EUGÈNE SALA.   N. WAKIL.   ARMAND ESTRIPEAUT.

Le mercredi suivant, le Conseil étant réuni en séance ordinaire, M. le Vice-Président Pagès, avant d'aborder l'ordre du jour, prononce le discours ci-après :

CHER PRÉSIDENT,

Le Conseil d'Administration de la Société Philanthropique des Commis et Employés vient, à son tour, vous adresser ses plus vives félicitations pour la haute distinction honorifique qui vient de vous être conférée par le Gouvernement de la République.

Nous sommes, plus que tout autre, autorisés à affirmer que cette distinction vous a été accordée sans que vous ayiez eu à la solliciter et, mieux que personne, nous pouvons déclarer qu'elle n'est due qu'à vos rares mérites et à vos brillantes qualités.

Depuis plus de dix ans, il nous est permis d'apprécier les immenses services que vous rendez à cette œuvre qui nous est chère à tous, et il nous incombait à nous vos collaborateurs, vos compagnons de travail, de prendre l'initiative d'une demande, dont le résultat doit nous enorgueillir presqu'autant que celui qui en était l'objet.

Nous avons fait en cela notre devoir et rien que notre devoir, et nous continuerons à rester vos obligés pour tout le bien que vous avez su faire à la Société, dont nous sommes ici les modestes représentants.

Cette Société vous sera éternellement reconnaissante et elle se proclame aujourd'hui bien satisfaite, en voyant que vos hautes capacités qui ont si puissamment contribué à sa prospérité, ont été justement appréciées et dignement récompensées. (*Applaudissements.*)

Dois-je vous dire, combien a été grande la joie des administrateurs, vos collaborateurs et vos amis dévoués ? Quel honneur pour nous de vous avoir à notre tête, et comme nous serons fiers de ce ruban, qui n'est que le prix de vos incessants travaux dans le sein même de notre administration !

Pas un seul instant votre sollicitude pour les intérêts de notre œuvre ne s'est ralentie ; sous votre haute direction, notre association a pris son élan et s'est élevée vers des régions inespérées qui resteraient inconnues sans votre impulsion si ferme et si intelligente.

Chacun de nos travaux porte la trace de votre constante préoccupation d'étendre et de développer les bienfaits de cette œuvre que vous craignez toujours de laisser imparfaite ou incomplète.

Et, à côté de ces qualités si diverses, que dire de vos qualités de cœur, qu'il nous est donné d'apprécier depuis si longtemps ? Votre aménité pour tous nos collègues comme pour moi, votre empressement à nous être agréable dans toutes les circonstances, votre bienveillance si cordiale et si amicale vous ont acquis à jamais la sympathie de nous tous ! (*Applaudissements.*)

Vous avez, dans la Société comme partout, de bien nombreux amis ; mais il n'en existe pas de plus dévoués et de plus sincères que vos chers collaborateurs, que tous vos collègues du Conseil. (*Marques d'approbation.*)

S'il vous était permis de dire hier, dans une autre réunion, que vous avez pu être mal connu de certains, ce n'est certes pas ici qu'une pareille affirmation pourrait être donnée ! Vous vous êtes entièrement livré à nous et par l'esprit et par le dévouement et par le cœur ! Nous vous le rendons bien unanimement. Il n'en est aucun parmi nous, qui n'ait de plus grande ambition que de rester votre ami et de vous voir toujours placé à notre tête. (*Applaudissements.*)

Continuez-nous donc toujours votre sympathie et votre affection ; nous mettrons tous nos efforts à nous en rendre dignes, et, grâce à vos conseils, toujours si judicieux, toujours si salutaires, nos travaux contribueront à la prospérité de cette Société que vous avez su faire si grande et si belle !

En terminant, permettez-moi, cher Président, de vous offrir ce soir, au nom de mes camarades du Conseil, tous vos amis, ces quelques fleurs en témoignage de nos sentiments d'union, d'estime et de sympathie réciproques, qui sont la plus grande force et le plus grand honneur de votre administration ! (*Triple salve d'applaudissements.*)

M. Pagés remet ensuite au Président, un magnifique bouquet de fleurs fraîches, auquel est adapté un large ruban, portant en lettres dorées l'inscription suivante : *A son Président, M. Casimir Chanal, chevalier de la Légion d'Honneur, le Conseil d'Administration de la Société philanthropique des Commis et Employés.*

M. Chanal dit qu'il est profondément touché des félicitations et des vœux qui viennent de lui être exprimés. Il remercie le Conseil de s'être si généreusement employé pour lui obtenir la haute marque de distinction qu'il vient de recevoir. Il loue l'esprit de discipline, de concorde et de travail qui règne parmi ses collaborateurs, et il leur exprime chaleureusement le désir qu'ils veuillent bien, aux élections prochaines, solliciter tous avec lui, le renouvellement de leur mandat. Il les assure de ses plus vifs sentiments de cordialité et déclare qu'ils trouveront toujours en lui le camarade et l'ami le plus dévoué.

Après avoir manifesté dans l'intimité toute la satisfaction qu'il éprouvait de l'heureuse issue de ses démarches, le Conseil invitait les membres de la Société, à prendre part au punch, offert à M. Chanal, dans la grande salle de la Brasserie Noailles, le vendredi, 23 octobre, à 9 heures du soir.

Disons tout de suite que jamais réunion d'un caractère semblable ne fut mieux réussie. Le gérant de l'établissement, que nous avons le plaisir de compter parmi nos membres honoraires-bienfaiteurs, avait largement répondu à ce qu'on attendait de lui. Une décoration de très bon goût, une profusion de verdure et de lumières régnaient dans la salle qui se trouvait, dès 9 heures, envahie par un flot de sociétaires. Plus de cinq cents de nos collègues sont là, parmi lesquels un grand nombre de nos membres honoraires.

Dans la cour avoisinante, arrivent successivement la musique des *Touristes du Midi*, l'*Estudiantina Provençale* et le *Rallye Marseillais*, venus gracieusement pour prêter leur concours à notre fête. M. le président Chanal, suivi des membres du Conseil, fait son entrée vers 10 heures, au milieu des applaudissements.

M. Pagès, vice-président, que le Conseil a désigné pour présider la réunion, se lève et prononce le discours suivant :

MESSIEURS,

Il y a un an, le 5 octobre 1890, notre Société célébrait avec un éclat tout particulier le 42° anniversaire de sa fondation ; au moment des toasts qui suivirent le banquet auquel assistaient MM. les députés Jules-Charles Roux et Auguste Bouge, ce dernier exprima le vœu que le gouvernement de la République voulût bien reconnaître les services rendus à notre chère association par notre dévoué président, M. Chanal, en lui conférant la croix de la Légion d'Honneur.

Vous vous souvenez du tonnerre d'applaudissements dont ce souhait fut salué, et votre Conseil d'Administration, voyant une indication dans l'explosion de sympathie dont notre Président fut l'objet en cette occasion, se mit immédiatement à l'œuvre, pour donner satisfaction au désir unanime qui venait de lui être exprimé d'une manière aussi touchante.

Une pétition fut rédigée et signée par les 24 collègues de M. Chanal et on forma un Comité chargé de mener à bonne fin l'œuvre de reconnaissance dont vous veniez, pour ainsi dire, de nous donner le mandat.

Les administrateurs qui ont eu l'honneur de faire partie de ce Comité doivent, à la vérité, de déclarer bien haut, que jamais tâche de gratitude ne leur fut plus facile à remplir. De nombreux encouragements et de hautes adhésions leur vinrent, en effet, qu'ils n'eurent presque pas à solliciter, et, puisque le jour est venu où l'on peut mettre de côté la discrétion que nous dûmes observer dans nos démarches, permettez-moi, Messieurs, d'adresser, en votre nom à tous, de respectueux remerciements aux Présidents de nos corps élus, aux sommités du commerce, de la mutualité et du journalisme marseillais qui nous ont, en cette circonstance, donné la marque d'intérêt la plus précieuse que nous ayons jamais reçue d'eux. *Applaudissements.*

Nous aider à faire accorder à notre Président la récompense à laquelle il avait tant de droits, n'était ce pas véritablement, nous donner la preuve indiscutable de leurs sentiments d'estime à l'égard de notre Société ?

Devant le grand public, vous avez pu vous en convaincre vous-mêmes, Messieurs, le nom de M. Chanal est bien indissolublement lié à celui de l'institution qu'il est venu trop tard pour créer, mais qu'il a, cependant, sans conteste, faite telle qu'on l'admire, telle qu'on se plaît à l'imiter ! *Applaudissements.*

Ces préliminaires terminés, nous entrâmes résolument en action, et, pourquoi vous le cacherions-nous, Messieurs, le cœur nous tremblait bien un peu en mettant le pied sur ce terrain brûlant de la politique et en pénétrant dans les sphères parlementaires et gouvernementales.

Nous étions bien décidés à respecter la dignité de notre mission et à rester sourds à toutes les tentations.

Eh bien ! Messieurs, vous me croirez si vous le voulez, mais, nous sommes entrés dans la fosse aux lions, et nous en sortons, nouveaux Daniel, sans la moindre éraflure et charmés, au contraire, de l'accueil que nous y avons reçu.

Pour être sincère, je dois reconnaître que, là aussi, le nom de M. Chanal eut le don magique de nous ouvrir toutes les portes et de nous assurer les concours les plus divers.

Qu'on me permette de le constater en passant, cet accueil fut déjà un premier triomphe, car vous savez aussi bien que moi, Messieurs, combien notre Président, respectueux du caractère absolument neutre de la Société en matières politiques et religieuses, s'est toujours écarté de ces luttes si fâcheuses où notre vieille indépendance aurait pu sombrer et combien aussi il a su s'imposer, par ses seuls mérites, à l'attention de ce monde de critique et de scepticisme où ce n'est pas toujours la vertu qui est récompensée.

C'était donc pour M. Chanal un succès avant..... la croix.

Certes, nous n'aurons garde d'oublier, ici, l'empressement que Messieurs les Sénateurs et Députés de notre département ont mis à appuyer et à soutenir nos légitimes sollicitations auprès du Gouvernement.

C'est en grande partie à l'unanimité qui s'est produite parmi eux, sur la candidature que nous posions, au chaleureux appui que nous avons trouvé auprès de notre sympathique Préfet, M. Galtié, aussi bien que de son prédécesseur, l'honorable M. Lagarde, que nous devons d'avoir pu aboutir d'une manière relativement si rapide. (*Applaudissements.*)

Une fois les engagements pris, nos représentants au Parlement, comme le premier magistrat du département, les ont tenus avec la plus scrupuleuse correction, et ils ont bien droit, Messieurs, eux aussi, à tous vos remerciements.

Enfin, l'événement tant désiré s'est produit, et vous remarquerez, Messieurs, avec le rédacteur de notre dernier Bulletin Administratif, que le 8 octobre est une date désormais mémorable, à double titre, dans notre Société : en 1848, à pareil jour, notre œuvre, en effet, était définitivement fondée, et, à quarante-trois ans d'intervalle, le ruban rouge, cet insigne du mérite et de l'honneur, était donné au meilleur de nos présidents. (*Longs applaudissements.*)

J'ai pensé, Messieurs, que je ne pourrais pas mieux faire l'éloge de

M. Chanal qu'en mettant sous vos yeux en toute sincérité, mais peut-être trop longuement, les moyens que nous, vos mandataires, avons employés pour que les pouvoirs publics accomplissent à son égard le grand acte d'équitable justice que nous attendions d'eux : le Conseil en a eu l'initiative tout entière et affirme bien haut, par ma voix, que notre notre cher Président n'a rien eu à solliciter. C'est, au surplus, le seul de nos travaux auquel il soit demeuré entièrement étranger pendant les dix dernières années. (Rires, applaudissements.)

MESSIEURS ET CHERS COLLÈGUES,

A vous tous qui avez répondu ce soir à l'appel de votre Conseil d'Administration pour donner à notre Président un éclatant témoignage de la sympathie qui l'entoure, je ne dirai qu'un seul mot : *Merci !*

Merci à vous, MM. les Membres honoraires qui avez tenu, cette fois encore, à nous donner une nouvelle preuve de toute la sollicitude que vous témoignez à notre œuvre et de la haute estime dont vous voulez bien honorer celui que nous fêtons !

Merci à MM. les Membres de la Presse à l'égard de qui nous ne saurions jamais être assez reconnaissants pour les services si appréciables qu'ils rendent à tout instant à cette grande cause populaire qui a nom : *La Mutualité !*

Merci, enfin, aux Sociétés Musicales qui nous ont offert si spontanément de prêter leur précieux concours à notre réunion de famille.

MONSIEUR LE PRÉSIDENT,

Notre Société se devait à elle-même autant qu'elle vous devait de manifester publiquement la satisfaction qu'elle éprouve à voir, enfin, vos mérites recevoir la haute récompense qui, seule, fut digne d'eux.

C'est pourquoi nous, vos administrés, qui sommes aussi vos amis, nous venons ce soir vous présenter respectueusement nos plus vives et nos plus chaleureuses félicitations pour la marque glorieuse de distinction que vos éminentes qualités ont su obtenir.

Cette croix que nous avons eu le bonheur de voir placer sur votre poitrine, vous l'avez bien gagnée et vous avez le droit d'en être fier !

Tous ici, nous sommes pénétrés de reconnaissance envers vous, car tous nous connaissons l'admirable page que vous aurez écrite dans les annales de cette belle Société des commis que vous avez faite si grande et si prospère ! (*Applaudissements.*)

Brusquement porté à notre tête, sans avoir jamais été mêlé aux détails de notre administration, vous avez, la première année de votre présidence, doublé notre effectif qui, en 1879, ne comptait qu'environ 800 membres et s'élevait, en fin 1880, à près de 1.500. Nous marchons aujourd'hui à grand pas dans le quatrième mille.

Voilà ce que vous avez fait au point de vue de la propagande, et, pour arriver à ce magnifique résultat, vous avez vaillamment payé de votre personne : j'en atteste, sur ce point, le plus grand nombre de nos chers et dévoués membres honoraires-bienfaiteurs que vous êtes allé recruter dans l'élite de notre commerce marseillais et qui vous ont, eux aussi, donné un premier témoignage de satisfaction en vous accordant, sans marchander, leur précieux et dévoué concours.

Vous avez ensuite tout revu dans notre organisation rendue si complexe par ses buts multiples, et, partout, vous avez mis l'empreinte de vos qualités d'ordre et de clair entendement.

Le drapeau de notre indépendance a été porté plus haut que jamais en vos mains et vous vous êtes fait le champion de la mutualité nationale, libre et majeure. Vous répudiez ces dangereuses tendances au socialisme d'État qui sont malheureusement trop enracinées dans nos Sociétés mutuelles, et, comme nous, vous avez l'intime conviction que ces associations ne seront vraiment saines et utiles que lorsqu'elles auront le droit de se mouvoir à leur aise, en pleine lumière, au grand jour de la légalité et de la liberté ! (*Applaudissements.*)

Vous êtes depuis longtemps pénétré de la nécessité et des bienfaits de nos œuvres de prévoyance que certains esprits railleurs traitent d'utopistes, mais, le progrès aidant, le rêve et l'utopie d'aujourd'hui pourront être demain, pour eux, d'utiles réalités !

Et c'est pour propager vos idées si profondément humanitaires que vous vous occupez encore à cette heure de l'organisation du Comité général de la mutualité des Bouches-du-Rhône dont vous avez déjà tracé le large programme.

Là ne s'est pas borné votre passion du bien ; vous vous êtes encore dévoué à d'autres causes qui réclamaient aussi les lumières de votre intelligence et la chaleur de votre âme.

A la Société des Habitations salubres et à bon marché, à la Caisse d'épargne de notre département, à la Société pour la Défense du Commerce, à l'Assistance par le travail, partout enfin où l'on peut faire œuvre de dévouement, on vous a toujours vu dépenser également le meilleur de vous-même.

Aucun de ceux qui vous ont connu plus jeune ne songera à s'étonner que, d'une condition des plus modestes, vous ayez su vous élever à une situation digne d'envie.

On se souvient ici qu'au sortir de votre enfance vous donniez déjà des preuves de vos talents si divers, en créant une société chorale au service de laquelle vous mettiez toutes les ressources de vos connaissances musicales et toute votre habileté native d'administrateur.

Et, quand la roue de la fortune vint à tourner de votre côté, vous avez pu arrêter son rapide volant, car vous vous étiez longuement préparé à la lutte pour la vie en acquérant, presque seul, une instruction solide et développée.

Que dire de cette éloquence si persuasive que nous sommes habitués à voir couler de vos lèvres et qui fut certainement le plus gros appoint dans la conquête de la notoriété qui vous entoure aujourd'hui, et qui ne pouvait manquer de venir à un homme de votre valeur ? (*Applaud.*)

Et au fur et à mesure que vous gravissiez ainsi les degrés de l'échelle sociale, on vous retrouve toujours plus bienveillant, toujours plus accueillant, tant il est vrai que chez vous la froideur de la logique et la sûreté du jugement ne gênent en rien les grands mouvements du cœur !

Mais je vois en vous tant de choses à louer, Monsieur le Président, que je suis sorti involontairement du plan que je m'étais tracé. J'y reviens.

La Société des Commis de Marseille retirera plus que vous, peut-être, les bénéfices de la légitime marque de distinction dont le Gouvernement vient de vous honorer.

Vous vous êtes souvent demandé, en la déplorant, d'où provient l'imprévoyance dont on fait trop généralement preuve dans les milieux de notre classe d'employés : les raisons en sont multiples ; mais, souhaiter que cette imprévoyance s'amoindrisse et que de nombreuses adhésions se produisent à la suite de l'heureux événement dont nous nous réjouissons avec vous, n'est-ce pas vous promettre une récompense nouvelle, aussi douce que celle que vous venez de recevoir ?

Est-ce que chacun des plus déshérités de cette classe si intéressante et si méconnue ne doit pas profiter du salutaire exemple que vous avez donné ?

Vous nous prouvez, une fois encore, que, dans notre société démocratique, le petit commis ou le simple employé d'aujourd'hui peut devenir le bourgeois ou le patron de demain. Et qu'est-ce donc, que le patron d'aujourd'hui ou de demain, si ce n'est l'employé de la veille ou de l'avant-veille ?

Mais, pour obtenir ce résultat, il ne faut rien négliger et ne jamais ménager ni le temps, ni la peine, ni le labeur le plus rude et de tous les instants.

Vous nous avez enseigné, dans notre grande Société, que rien n'est fait tant qu'il reste quelque chose à faire, et tous ceux qui m'entourent, entraînés par l'exemple, seront toujours prêts à seconder vos persévérants efforts.

Mon cher Président, quoique l'avenir réserve, soit à vous, soit à nous, nous avons voulu marquer la longue et brillante étape que nous venons de parcourir en vous offrant, avec l'expression de notre profonde amitié, un modeste présent que je suis bien heureux de vous remettre au nom de la Société tout entière.

Ce qui doit à vos yeux doubler la valeur de notre offrande, c'est que tous vos administrés, les plus humbles comme les plus élevés, y ont participé au même titre.

Ah! comme il nous sera doux, à nous vos amis si dévoués, de voir briller à votre boutonnière ce symbole du mérite et de l'honneur, et de nous dire qu'aujourd'hui, comme hier et demain, nous demeurons à jamais vos reconnaissants obligés! (*Bravos.*)

Cette petite croix, mon cher Président, vous rappellera toute votre vie que la Société des Commis a su apprécier et reconnaître les éminents services de celui qui ne lui a jamais ménagé ni son intelligence, ni son courage, ni son cœur. (*Salve d'applaudissements.*)

Avec des hommes tels que vous, nous pouvons être assurés, en toute sécurité, de son avenir et de sa prospérité.

Inspirés par vous, les commis et les employés de la ville de Marseille sauront donner le bon exemple de l'union qui ne doit jamais cesser de régner entr'eux, et s'appliqueront désormais à ne former qu'une seule et même famille sociale à côté de la grande famille qui ne désespère jamais et qui s'appelle : « LA PATRIE! »

Messieurs,

Je bois à la santé de M. Chanal, notre cher Président, et, au nom de vous tous, je souhaite longue vie et prospérité au nouveau Chevalier.

La fin de ce discours, fréquemment interrompu par les bravos de l'assemblée, est couverte d'applaudissements.

M. Chanal, après avoir placé à sa boutonnière la magnifique croix en brillants que M. Pagès vient de lui remettre au nom des sociétaires, prend la parole et s'exprime en ces termes :

MESSIEURS,

L'immense ovation dont vous me faites le héros, vos acclamations enthousiastes me plongent dans une émotion indicible, et j'ai de la peine à retenir mes larmes. Je ne sais si je pourrai vous dire ce que je ressens en termes dignes de vous.

Je dois remercier, tout d'abord, M. Pagès des paroles si aimables et flatteuses qu'il vient de m'adresser tout en faisant les plus expresses réserves sur l'exagération des éloges que son affection pour moi lui a inspirés.

Messieurs, on vient de vous le dire, je n'ai pas demandé la décoration. Je la dois à mon excellent ami, M. le vice-président Pagès, à son fidèle *alter ego*, M. Boyer, à tous les membres de votre Conseil d'Administration, et aussi à un jeune membre actif, que je ne veux pas désigner autrement, et qui a mis au service de cette cause son talent plein de promesses et son ardeur juvénile. (*Applaudissements.*)

Tous ces chers collaborateurs ont vu mes faibles mérites à travers le prisme grossissant de leur amitié, ils ont jugé qu'une haute distinction m'était due, et, sans me consulter, ils ont fait les démarches nécessaires que, ils le savaient bien, je me serais obstinément refusé à faire. Ils ont dû intéresser à leur projet les plus hautes notabilités marseillaises ; ils ont agi avec une telle habileté, une telle insistance que, le 8 octobre 1891, jour anniversaire de la fondation de notre Société, votre président était décoré de la main des ministres.

Comment ferai-je pour exprimer ma reconnaissance à mes chers collègues et amis du Conseil et à tous ceux qui les ont secondés ? Dans l'impuissance où je suis de trouver des termes suffisants, je leur dis simplement et du fond de mon âme : Merci.

Quels que soient les titres que l'on ait invoqués pour faire de moi un légionnaire, il me plaît de ne retenir que celui de Président de la Société Philanthropique des Commis et Employés. (*Applaudissements.*) En effet, Messieurs, c'est notre belle association qu'on a décorée en ma personne, et c'est à elle que je renvoie le grand honneur qui m'a été fait. Puissent les mânes de nos vénérables fondateurs tressaillir dans leurs tombes devant cette glorification de l'œuvre qu'ils créèrent avec tant de vaillance, d'intelligence et de cœur ! En ce qui me concerne, si j'ai eu le bonheur de faire quelque bien, je dois reconnaître que la récompense est en trop grande disproportion avec les services rendus. Mais enfin, puisque cette croix a été attachée sur ma poitrine, je tâcherai de la porter avec honneur, et ferai de mon mieux pour me rendre de plus en plus digne des nombreuses et chaudes sympathies dont la vive manifestation m'a profondément remué.

Je disais tout à l'heure que je n'avais pas sollicité moi-même la décoration. Cette déclaration a son importance, car elle me permet d'affirmer devant vous que je n'ai eu à abandonner aucun de mes principes, ou plutôt aucun des principes qui sont l'essence même de notre Société.

Aujourd'hui, comme hier et comme demain, je pense et vous pensez avec moi, que, si nous devons, certes, être soumis aux lois de notre pays, et d'une soumission faite d'affection et de respect, nous devons aussi continuer à demeurer énergiquement éloignés des luttes de la politique et de la religion. Notre neutralité sur ces terrains mouvants, est notre bouclier, notre palladium, notre sauvegarde ; c'est sur cette neutralité complète, sincère, inébranlable, que nous comptons pour appeler à nous tous les hommes de cœur, quelles que soient leur foi politique ou leurs convictions religieuses. En tant que collectivité, nous sommes indifférents aux controverses politiques et aux disputes confessionnelles. (*Applaudissements.*)

D'ailleurs, notre idéal est plus haut.

Nous sommes la philanthropie, nous sommes la mutualité, nous sommes la prévoyance, nous sommes les fervents adeptes de ces forces nouvelles qui, si elles n'ont pas le pouvoir de résoudre tous les problèmes sociaux, ont, du moins, le don certain de rendre moins âpres les revendications populaires et de préparer une plus juste répartition des droits et des devoirs. Notre drapeau est assez grand pour abriter, sous ses larges plis, tous ceux qui pensent qu'il faut secourir celui qui souffre, aider celui qui lutte, développer, chez le travailleur, le sentiment de sa dignité, le souci de son avenir, le goût de l'initiative individuelle, et, chez le patron, chez celui qui possède, la pratique de la fraternité et de la solidarité sainte. (*Longs applaudissements.*)

Aujourd'hui, comme hier et comme demain, nous sommes jaloux de notre chère indépendance, nous proclamons avec fierté que notre prospérité est notre œuvre. Nous demandons à l'État son appui moral, nous acceptons tous ses contrôles, mais, comme faveur nous réclamons simplement la liberté de vivre sous le droit commun. Notre Société est majeure depuis de longues années, et elle a prouvé victorieusement qu'elle savait se gouverner elle-même. (*Bravos.*)

Et maintenant, mes chers Collègues, quels termes emploierai-je pour vous exprimer toute ma gratitude de votre magnifique réception et de votre non moins magnifique présent ?

Tous ceux qui m'ont vu à l'œuvre depuis la fin de l'année 1879, savent bien que mes actes n'ont point été dictés par l'espoir d'une récompense. Depuis longtemps, j'ai donné à notre grande et belle Association tout ce que je possède d'énergie, de persévérance, d'intelligence et d'activité. Elle a le meilleur de moi-même ; elle est le principal objet de mes préoccupations, et je n'ose pas vous promettre de faire mieux à l'avenir.

Dans tous les cas, nous venons de sceller un pacte indissoluble. Déjà j'étais vôtre ; aujourd'hui, je vous appartiens et vous ferez de moi ce que vous voudrez. (*Applaudissements.*) Je resterai à votre tête aussi longtemps que mon concours vous semblera utile, et, quand le moment vous paraîtra venu pour moi de céder la place à un homme plus jeune et plus instruit, mais jamais plus dévoué, je rentrerai dans vos rangs, emportant le souvenir inoubliable des nombreux témoignages d'affection que vous m'avez donnés, conservant pieusement comme mon plus beau titre de gloire, l'honneur d'avoir été votre Président.

En terminant, mes chers collègues, laissez-moi vous dire, mes chers amis, je vous offre encore une fois l'expression de ma reconnaissance, de mon inaltérable attachement à l'œuvre commune, et je bois à votre santé à tous et à la prospérité continue de notre chère Société (*Applaudissements*); je bois aussi..... eh! oui, Messieurs, j'ai encore un toast à porter. Je ne puis oublier la signature apposée au bas du décret qui me nomme chevalier de la Légion d'Honneur, et vos applaudissements qui ont ratifié cette nomination; je ne veux pas, vous ne voulez pas qu'on nous taxe d'ingratitude.

Je répète avec force que nous ne ferons jamais de politique, et c'est vainement qu'on essaierait de me mettre en contradiction avec mes déclarations antérieures. Mais, est-ce faire de la politique que d'offrir un respectueux hommage à celui qui a le rare bonheur de présider au relèvement de la grande blessée, à celui dont l'Europe entière admire la dignité de vie, la correction de conduite et la hauteur de patriotisme? D'autre part, est-ce qu'il est possible que cette fête s'achève sans qu'il en sorte un cri d'amour pour notre France adorée? Non, Messieurs, cela ne se peut, et c'est pourquoi, certain d'être l'interprète de vos pensées, je vous invite à lever nos verres en l'honneur de notre patrie bien-aimée et de M. Carnot, Président de la République Française.

A cet instant, un véritable vent d'enthousiasme passe sur l'assistance, qui bat des mains avec frénésie. La *Marseillaise* éclate soudain, ajoutant encore à l'émotion qui se lit sur tous les visages des sociétaires, qui, debout, écoutent religieusement le chant national.

Le calme se rétablit. M. le vice-président Lamy se lève et dit :

MESSIEURS,

Je n'aurais rien à ajouter aux paroles qu'a prononcées mon collègue, M. Pagès; elles sont l'expression exacte de nos sentiments. C'est pourquoi vous venez de les souligner de vos applaudissements.

Néanmoins, vous me permettrez de témoigner, au nom du Conseil d'Administration, toute notre satisfaction, en adressant à notre cher Président de sincères compliments pour la distinction enviée que vient de lui décerner le gouvernement de la République ; elle est la juste récompense de ses nombreux services à la cause philanthropique.

Pour ceux qui ont eu l'honneur de partager avec lui les soins parfois pénibles de l'administration, il est comme un devoir de vous associer, Messieurs, aux leçons de prudence, d'activité, de pénétration d'esprit, de tact parfait, de modération, comme de fermeté, que chacun de ses actes nous a données. (*Applaudissements.*)

Les mille rouages de notre Société, depuis les plus hautes questions d'ordre moral et philanthropique jusqu'aux plus humbles détails matériels, forment un tout d'une telle harmonie, d'une telle sagesse, que nous avons rapporté une récompense de l'Exposition universelle de 1889.

Or, depuis onze ans que M. Chanal est notre président, il n'a cessé d'améliorer ce bel ensemble. Notre administration financière est arrivée à l'apogée du perfectionnement ; nos membres, déshérités par les caprices multiples du malheur, trouvent les secours prompts et discrets que réclament leurs diverses infortunes ; les aptitudes administratives, et la bonne volonté des uns trouvent dans nos divers services une manière fructueuse de concourir au bien-être général, tandis que les autres déploient au dehors les armes de la propagande pour porter partout les bienfaits de notre association.

Mais c'est aussi comme administrateur intime, et au sein des membres élus de sa famille philanthropique, que M. Chanal a su déployer et faire apprécier les plus hautes qualités de l'esprit jointes à celles du cœur. La justesse de son coup d'œil, secondée par un jugement droit et équitable, ne lui a point permis de s'égarer jamais dans les questions si complexes et si délicates que le Conseil d'Administration a journellement à débattre.

Voir prospérer la Société, y incarner l'ordre, l'économie et aussi le bonheur sans jamais se soucier de sa peine, y sacrifier son temps et ses fonds, s'y dépenser en toutes circonstances, tels sont, Messieurs, les titres par lesquels M. Chanal a su gagner l'estime et l'affection de tous ceux qui l'ont secondé dans l'administration de la Société.

Faut-il vous étonner s'ils ont voulu voir briller sur sa poitrine la croix qui distingue ceux qui ont bien mérité de la Patrie ?

Son œuvre se lit au grand jour, ses bienfaits sont dans tous les cœurs qu'il a secourus et réconfortés ; que tous les yeux voient donc sur lui la marque que notre reconnaissance aurait voulu lui décerner depuis longtemps déjà.

Enfin, Messieurs, ce qui doit nous satisfaire aussi, c'est que cette haute distinction va nous ouvrir un nouvel horizon. Car, si le 8 octobre 1848 a été la date de la fondation de notre Société, le 8 octobre 1891 sera celle de son épanouissement.

Ce beau rêve se sera réalisé avec le concours de l'homme dévoué que nous avons le bonheur d'avoir pour chef.

Remercions le gouvernement d'avoir su récompenser de réels services, et levons nos verres à la santé du nouveau légionnaire, en formulant le vœu de le voir pendant longtemps encore président de notre belle et chère association.

A ce discours vigoureusement applaudi et à l'exécution de l'hymne russe réclamée par l'assistance qui l'écoute debout, succède la poésie. Notre jeune agent principal, M. H. Milleret, lit les vers suivants dont il est l'auteur.

A M. Casimir CHANAL, président de la Société Philanthropique des Commis et Employés de la Ville de Marseille, chevalier de la Légion d'Honneur.

Vous avez dû, Monsieur, à l'âge où l'Espérance
Monte, sur notre vie en fleurs, comme un soleil,
Vous bercer vous aussi de quelque rêve immense
Qui vous enveloppait d'un frisson sans pareil.

Vous gardiez, n'est-ce pas, la croyance profonde
Que vous auriez un jour le destin radieux,
Après avoir jeté votre pensée au monde,
D'y marcher immortel comme y marchaient les dieux.

De quel surnom vainqueur vous saluait l'histoire ?...
Dans les temps à venir, penseur, savant, héros,
Était-ce pour un livre ou pour une victoire
Qu'on gravait votre image en un bloc de Paros ?...

Ou plutôt n'est-ce point, maëstro de génie,
Le sacre du grand Art qu'il vous fallait avoir,
Et, pendant que l'orchestre éteint sa symphonie,
Le triomphe des fleurs couvrant votre habit noir ?...

Bénissez-la pourtant l'étrange destinée
Qui de vos premier vœux ne réalisa rien :
Elle étancha, du moins, votre soif, détournée
De la gloire du beau, dans la gloire du bien !

Et cette grandeur-là, douce autant que sévère,
Dites-nous ce qu'il faut dépenser de vertu
Pour que son laurier vienne ombrager la terre,
La terre où cinquante ans l'on a bien combattu !

Il vous fallut la foi dont l'immortelle flamme
Fait voir plus loin que l'œil et plus haut que l'esprit
Que le danger soulève — ineffable dictame
Que Jésus à tout mal applique et qui guérit.

Il vous fallut fixer l'inconstante fortune,
Et l'on vous applaudit, vous, le dur travailleur
A vingt tâches soumis et grandi par chacune
Et qu'on vit chaque jour plus heureux et meilleur !

Il fallut vous donner tout entier et vous-même,
Et non pas seulement un peu d'or, au hasard,
Mais ce que peut donner l'être à l'être qu'il aime :
L'oubli de soi, Monsieur, et la plus large part.

Contemplez sans regret la route parcourue,
Et, le front haut, sans craindre un propos ricaneur,
Vous pouvez désormais recevoir dans la rue
Le salut de la troupe à votre croix d'honneur !

Et nous, nous qui savons le bon chef que vous êtes,
Et qui sur votre bras pouvons nous appuyer,
Nous dont l'œuvre vous doit ses plus belles conquêtes
Pour l'union des cœurs et la paix du foyer,

Certes, nous sommes fiers qu'au nom de la Patrie
On vous ait noblement enfin récompensé,
Et nous comptons parmi ceux dont l'âme attendrie
Voit son vœu le plus cher maintenant exaucé ;

*Mais il vous sera doux aussi d'avoir l'hommage
De vos mercis émus ; vous pourrez les tenir
Pour véritable prix du bienfaisant ouvrage
Dont vous avez l'orgueil et nous le souvenir!*

Hippolyte Milleret

M. Jules Chambellan, au nom des Membres retraités, s'exprime ainsi :

Messieurs,

Après les orateurs distingués que vous venez d'entendre, ma tâche devient difficile, et je crains de tomber dans les redites. En effet, que dire de plus que ce qui a été dit sur cet homme de bien que nous fêtons aujourd'hui, qui, grâce à son ardeur d'initiative, a, depuis dix ans, triplé l'effectif de notre Société.

M. Chanal n'a pas oublié que le but principal de notre œuvre est de donner une retraite aux employés qui arriveront à la limite d'âge ; il a mis au service de cette cause toute son activité, et c'est grâce à lui et à sa haute position commerciale que nous comptons aujourd'hui près de 800 membres honoraires-bienfaiteurs.

Au nom des retraités de la Société, je félicite notre Président de la haute distinction dont il vient d'être l'objet.

Nous tous, Messieurs, les déshérités de la fortune, nous avons à lutter sans cesse contre les misères de la vie.

C'est un vaste champ de bataille que celui-là ! et nous pouvons dire que M. Chanal y a toujours porté haut et fier le drapeau de la mutualité.

Je salue donc au nom des retraités l'homme éminent qui est à notre tête et je lève mon verre à la santé de notre bien aimé Président.

Après ce discours, souligné d'applaudissements, M. J. Milan parle au nom des Membres actifs et est accueilli avec autant de faveur que les précédents orateurs.

Voici son allocution :

Messieurs et chers Collègues,

Après les paroles prononcées, par Messieurs Pagès et Lamy au nom du Conseil d'Administration, je tiens à parler au nom des membres actifs, bien qu'après tout ce qui a été dit et si bien dit, il ne me reste plus grand chose à dire.

Messieurs, notre sympathique président et ami M. Chanal a reçu, du Gouvernement de la République française, la croix des braves. Cette distinction honorifique ne pouvait être mieux attribuée. Aussi la meilleure preuve en est que le titulaire a reçu des félicitations non-seulement des marseillais appartenant à toutes les classes de la société, mais aussi de tous les points de la France, voire même de l'Europe. C'est pour nous une bien grande satisfaction, car M. Chanal qui est des nôtres, qui sort de nos rangs, n'a pas été décoré parce qu'il appartient à la finance, au commerce, à la politique, aux arts ou à l'industrie, quoique dans chacune de ses branches par la situation qu'il occupe il aurait certainement pu obtenir cette distinction. Non, Messieurs, M. Chanal a été fait chevalier de la Légion d'Honneur parce qu'il est, comme d'ailleurs le lui a dit Monsieur le Ministre, le représentant à Marseille de cette catégorie d'ouvriers que l'on appelle les ouvriers de la plume et de la pensée, comme le représentant autorisé des employés de commerce, classe qui tout en étant la plus intelligente et la plus instruite est aussi la plus malheureuse au point de vue social et économique.

M. Chanal grâce à son esprit de suite, à sa ténacité, à son intelligence et à son rare talent a fait de notre institution, une Société modèle ; il a su raviver le zèle de chacun et ramener les indifférents, il a su obtenir l'adhésion d'une pléiade de membres honoraires-bienfaiteurs, dont le concours nous est si précieux ; il s'est efforcé d'élever le niveau d'instruction des employés, en créant divers cours au siège social. Il fait actuellement partie d'une commission extra-municipale, qui a pour but l'amélioration du sort des employés, par la diminution des heures de travail, commission qui, nous en sommes sûrs, sous son impulsion aura des résultats pratiques. En un mot, il ne refuse jamais son concours dans tous les essais qu'on tente pour améliorer notre sort.

Aussi, Messieurs, nous qui formons une grande famille, nous l'entourons de toute notre affection, de toute notre estime, comme les enfants entourent leur père et les soldats leur chef.

Il est notre porte-drapeau et nous savons que nous ne pouvions placer nos intérêts dans de meilleures mains, car il a toutes les qualités voulues pour poursuivre avec chance de succès la réalisation de nos revendications.

Messieurs, je termine en souhaitant que M. Chanal reste encore longtemps à notre tête, et je vous propose de lever notre verre au philanthrope, au mutualiste, à notre président et ami, M. Chanal.

L'un de nos plus aimables collègues, M. J.-B. André, lit ensuite les vers suivants, composés par lui, et qui reçoivent de la part de l'auditoire l'accueil le plus flatteur :

A M. C. CHANAL, chevalier de la Légion d'Honneur.

Je ne discute pas s'il fut un Dieu cet homme
Qui fit un jour trembler le Proconsul de Rome,
Qui dit que les petits, les humbles, les honteux
Comme les plus puissants ont une place aux cieux :
Enfin le doute a pu pénétrer en mon âme ;
Je n'ai plus cette foi robuste, vive flamme
Qui console et qui fait trouver dans les malheurs
Une âpre jouissance, et qui sèche les pleurs.
Je ne puis plus tout croire et pourtant je m'incline
Comme les grands esprits devant cette doctrine !
Et qu'il soit fils du Ciel ou de Joseph celui
Qui mourut sur la croix et qui, même aujourd'hui,
Impose malgré tout à l'Europe inclinée
La bible qu'il prêcha dans l'antique Judée.
Je l'admire toujours en mon âme attendrie
Pour avoir apporté sur la Terre pourrie
Cette devise inscrite un jour au livre d'or
« Aimez votre prochain ! »

Celui qui plane encor
Sur notre beau pays, le mort de Sainte-Hélène,
Qui, nain fut un géant et sut forger la chaîne
Pour lier à son char le monde entier vaincu,
Qui mourut grandement comme il avait vécu,

Voulant récompenser les preux de l'épopée
Sublime faite avec sa seule et noble épée,
Prit pour symbole saint et de gloire et d'honneur
La croix signe autrefois et de honte et d'horreur !
Je ne veux point savoir si la faiblesse humaine
A fait donner la croix à l'intrigue que mène
Un indigne !

    Je viens saluer en ce jour
Le signe de l'honneur récompensant l'amour
Des humains, des petits, de ceux qui sont nos pères,
Et les guerriers vaillants, les vieux soldats sincères
Qui l'ont conquise un jour à travers les boulets
N'auront pas à rougir de ce choix !

        Je me plais,
Au nom de tous, ici, à vous lever mon verre;
Car d'être votre ami chacun à l'âme fière :
Tous, nous applaudissons la croix sur la poitrine
De celui qui sut bien pratiquer la doctrine
Du Christ jetant à l'égoïste genre humain
Cette phrase sublime : « Aimez votre prochain ! »

          J.-B. ANDRÉ

La réunion prend fin vers 11 h. 1/4, laissant à chacun une impression profonde de satisfaction. Organisée en très peu de jours on pouvait craindre, en effet, que la fête péchât par certains détails. Mais, l'entrain et l'esprit excellent des assistants ont largement aidé l'initiative du Conseil. Pas un seul instant l'ordre n'a été troublé. On était venu là pour remplir un devoir sacré de gratitude, et chacun l'accomplissait avec autant de joie dans l'âme que de gravité et de décence à l'extérieur.

.˙.

Le surlendemain, dimanche, les sociétaires se réunissaient de nouveau, mais, cette fois, pour fêter le 43ᵉ anniversaire de la fondation de l'association. C'est le magnifique établissement des bains de mer du Roucas-Blanc qui a été, cette année, l'objet des préférences de la Commission, et il est certain que ce choix eût été vivement apprécié par tout le monde si nous avions été favorisés par le temps. La pluie qui, par instants, est tombée en torrents, nous a empêchés malheureusement de jouir de tous les avantages et de toutes les beautés de ce site vraiment remarquable. D'ailleurs, l'absence du soleil n'a pas nui à notre entrain habituel.

A midi et demi, 230 convives s'asseyaient à la table du banquet, saluant, au préalable, par de longs applaudissements, M. Chanal, président de la Société, et M. Ernest Delibes, président de la *Marseillaise*. Ce dernier était notre seul invité officiel ce jour-là. On verra plus loin l'explication de cette attention du Conseil pour cet homme éminent dont les vertus inspirent autant de respect que le talent d'admiration.

Gaiment, la fête commence, au milieu du bruit des verres qui s'entrechoquent et de la vaisselle que battent d'impatientes fourchettes. Félicitons, en passant, le sympathique gérant de l'établissement, M. Marius Rougier, qui s'est tiré avec honneur de la tâche difficile qui lui incombait de servir à la fois un nombre si considérable de couverts et qui, de plus, a su, dans cette circonstance, faire valoir de véritables aptitudes culinaires.

Quand les estomacs sont apaisés et que les desserts sont servis, M. le Président Chanal prend la parole :

MESSIEURS,

Bien que cette fête soit rigoureusement intime, quelques-uns de nos membres honoraires ont voulu prendre part à ce banquet. Ils sont toujours chez eux, quand notre Société est réunie, et je leur souhaite cordialement la bienvenue. (*Applaudissements.*)

Je voudrais bien dire à notre ami, M. Delibes, combien nous sommes charmés de le voir au milieu de nous, mais M. le vice-président Pagès a réclamé l'honneur de lui exprimer les sentiments de reconnaissance qui lui sont dus.

Je n'insiste donc pas, pour le moment, et dois me borner à lui présenter l'hommage de ma gratitude personnelle et de mon respectueux attachement.

Avant-hier, Messieurs, vous acclamiez votre Président. C'était bien, car la manifestation que vous faisiez sur son nom vous honorait autant que lui-même. Aujourd'hui, il s'agit de glorifier notre grande Société, et c'est mieux, car, on l'a dit il y a longtemps, les hommes passent et les principes demeurent.

Il y a 43 ans, Messieurs, que quelques employés, pleins de courage et de foi, fondèrent notre Société. Depuis, quel chemin parcouru ! Que de vicissitudes, de succès et de revers ! Et enfin, quelle prospérité éclatante !

Cette prospérité est l'œuvre de tous, chacun y a apporté sa pierre, et si les diverses administrations dont j'ai dirigé les travaux ont pu donner une impulsion plus vigoureuse, c'est que, les premières équivoques dissipées, elles n'ont plus rencontré que des concours dévoués.

Je suis heureux du caractère familial de cette fête, puisqu'elle me permet de vous parler à cœur ouvert des affaires de notre Société. En outre, je ne suis point gêné aujourd'hui par la réserve qui m'est imposée quand, parlant au nom du Conseil, je rédige mon compte-rendu annuel. Je profite donc avec joie de la liberté qui m'est laissée pour déclarer que, parmi tous les Conseils d'Administration que j'ai eu l'honneur de présider, celui dont le mandat va expirer mérite particulièrement vos éloges. (*Applaudissements.*)

Depuis quelques jours, Messieurs, avec une effusion qui me touche jusqu'aux larmes, vous m'accablez d'honneurs et de marques de sympathie, et je ne songe point à me livrer à un accès ridicule de modestie ou à de vaines congratulations à l'égard de mes chers collaborateurs. Mais, j'ai le devoir de dire bien haut, très haut, que la tâche de votre Président est singulièrement simplifiée par l'intelligence, l'instruction, la compétence et le dévoûment de tous les membres de votre Conseil d'Administration.

En ce qui me concerne, je les remercie très cordialement de leur concours de tous les instants, et je pense que la Société tout entière fera bien de joindre ses remerciments aux miens. (*Bravos.*)

Notre prospérité est indéniable et les grandes difficultés sont écartées. Mais que de choses à faire pour consolider et étendre notre heureuse situation !

Nous avons à revoir nos statuts, non pas pour les soumettre à une refonte complète, mais pour en retoucher certaines dispositions que l'expérience a démontrées défectueuses. Du reste, dans nos constitutions sans cesse perfectibles, une revue décennale est toujours chose utile.

D'ailleurs, il faudra incorporer, dans nos statuts généraux, les titres annexes consacrés aux secours aux familles et à nos caisses d'économies.

Nous avons encore à faire la preuve du taux de nos pensions de retraites fixes qui, j'ose presque l'affirmer, ne sera pas diminué et serait plutôt susceptible d'augmentation.

Nous pourrons, enfin, essayer peut-être quelques créations, notamment en ce qui concerne l'admission des femmes et des enfants. Tous ces problèmes sont graves et demandent à être examinés avec calme et maturité. (*Approbations.*)

Malheureusement, nous avons les mains liées. En effet, aucune étude, ne peut être entreprise utilement, tant que la fameuse loi, sur les Sociétés de secours mutuels et de retraites ne sera pas votée. Cette loi est devant le Parlement, depuis 1880. M. le sénateur Maze a déposé, à la Chambre Haute, un rapport qui n'a pu venir encore en discussion. Faisons des vœux, pour que cette loi soit enfin promulguée et, surtout, pour qu'elle soit libérale et favorable aux sociétés qui, comme la nôtre, n'attendent rien que d'elles-mêmes ! (*Applaudissements.*)

Je me suis promis, Messieurs, de ne pas vous infliger, dans cette réunion essentiellement amicale, l'audition d'un discours : je me hâte donc de terminer.

Cependant, puisque nous sommes en famille, je puis bien vous exprimer mes regrets, au sujet des trop nombreuses radiations que le Conseil a dû prononcer cette année. Ces amputations sont douloureuses, et il faut nous hâter de combler les vides qu'elles ont produits.

Je prends donc la liberté d'imposer à chacun de vous l'obligation de présenter au moins un candidat avant la fin de l'année. Vous savez combien l'augmentation de notre effectif me tient à cœur, et si, comme je le crois, vous voulez me prouver votre affection autrement que par des paroles, notre prochain *Bulletin* constatera un accroissement d'au moins 300 membres.

Ceci m'amène naturellement à vous dire que l'écho de la vibrante fête d'avant-hier ne s'est pas affaibli. Je suis encore sous l'empire de la grande et douce émotion que m'ont procurée vos acclamations si chaleureuses et si spontanées ; le retentissement de cette fête si touchante, laissera, dans mon cœur, des traces ineffaçables, et, désireux de vous exprimer encore une fois toute ma reconnaissance et de vous assurer de la réciprocité de mon amitié, je lève mon verre à votre santé, à notre union indissoluble, à notre grande Société.

Des acclamations partent de tous les points de la salle. C'est l'ovation d'il y a deux jours qui continue, et un long moment s'écoule, avant que M. Paul Pagès, vice-président, puisse à son tour se faire entendre. Le silence se fait pourtant pour l'écouter.

MESSIEURS ET CHERS COLLÈGUES,

Je ne saurais trop vous remercier et vous féliciter, en même temps, de la manifestation à la fois si respectueuse et si cordiale que vous avez réservée à notre ami, M. Ernest Delibes, au moment de son entrée dans cette salle où vous l'avez accueilli avec un empressement des plus justifiés.

Vous avez ainsi devancé l'expression de sympathie et de dévouement que je tenais à lui apporter ici, au nom de la Société des Commis tout entière !

Je vous ai retracé avant-hier soir, l'historique des démarches qui avaient été faites à l'insu même de notre cher Président, M. Chanal, pour obtenir des pouvoirs publics, la récompense que nous attendions d'eux.

Il manquait à cet historique, le nom d'un homme qui a pris, à tout ce qui a été fait, une part des plus actives et des plus intelligentes, et j'ai le devoir, dussé-je blesser sa modestie, de vous dire que cet homme, c'est notre ami toujours vénéré, toujours respecté, M. Ernest Delibes ! (*Longs applaudissements.*)

Vous le connaissez tous, ce président infatigable de cette grande caisse de retraites *La Marseillaise* que je m'honorerai toujours d'avoir aidé à fonder avec lui, et qui compte dans son sein, un grand nombre des membres de notre Société.

Dès la première heure, il est venu nous offrir son concours tout entier, avec cette spontanéité native des gens de cœur, et ce concours si actif et si intelligent nous fut si précieux qu'il a été un des meilleurs appoints dans la réussite de la mission que vous nous aviez confiée.

M. Delibes, s'est fait, à cette occasion, notre conseil éclairé, notre guide prudent et réservé, et c'est pour lui faire partager et goûter avec nous la joie de notre triomphe que j'ai prié cet éminent ami d'être des nôtres aujourd'hui, malgré le caractère d'intimité que vous avez tenu à donner à cette fête.

Je savais d'avance que vous ratifieriez mon invitation tout exceptionnelle et que vous tiendriez à vous joindre à moi pour témoigner à cet homme de bien l'expression de toute notre reconnaissance et de notre profond respect. (*Salves d'applaudissements.*)

Il a toujours fait preuve à l'égard de notre Société d'un attachement inaltérable et professé pour notre bien aimé président, M. Chanal, une sympathie des plus vives et une amitié des plus sincères.

Il nous est bien doux de voir ainsi s'apprécier et s'aimer deux hommes dont les qualités d'esprit n'ont d'égales que celles du cœur !

Nous ne saurions trop louer et applaudir l'estime réciproque de ces deux natures d'élite, et je vais au devant de vos désirs en les confondant dans un même toast et en portant, du fond du cœur, la santé de nos deux grands présidents :

Messieurs,

Vive M. Delibes !
Vive M. Chanal !

Un tonnerre de bravos accueille ce toast, et le tumulte joyeux augmente encore quand M. Pagès remet à M. Delibes une gerbe de fleurs, marque aimable de notre profonde gratitude.

Dans une splendide improvisation dont nous regrettons vivement de ne pouvoir donner qu'une pâle analyse, le Président de notre grande Caisse marseillaise de retraites répond à M. Pagès, et c'est encore pour faire l'éloge, en termes d'une extrême délicatesse, de notre Président à nous. Puis, passant de l'homme à son œuvre, il nous félicite des résultats que nous avons obtenus et qui, suivant lui, nous assure la première place parmi les sociétés mutuelles de France. L'orateur nous recommande de continuer à pratiquer la reconnaissance vis-à-vis de celui à qui nous devons notre prospérité actuelle et termine, au milieu de l'enthousiasme général, par un de ces mouvements pleins d'autant de correction que de chaleur dont il a le secret et dans lequel il affirme la nécessité de nos institutions de prévoyance.

Après lui, M. Jacques Derbès demande qu'on vote des félicitations et des remerciements à la Commission de la fête et à son actif et dévoué Président, M. Marius Boyer. D'unanimes acclamations accueillent cette proposition d'ailleurs pleinement justifiée.

M. Boyer demande à répondre et dit :

MES CHERS COLLÈGUES,

Vous avez bien voulu manifester votre satisfaction aux organisateurs de cette fête, je vous en remercie au nom de tous les membres de la Commission sans distinction, car chacun a fait son devoir.

Mais, puisque j'ai la parole, je tiens à dire que si M. le Président Chanal a bien mérité de notre Société, s'il a fait pour elle de grandes choses, d'autre part, j'ai constaté avec bonheur, avec orgueil que la Société des Commis a su lui témoigner sa reconnaissance d'une façon véritablement digne d'elle et digne de lui.

Aucun de vous n'oubliera la fête du 23 octobre 1891, et bienheureux sont nos jeunes collègues qui pourront en parler plus longtemps. Et puisque je parle de ceux qui sont, par l'âge, les derniers venus parmi nous, et que les fonctions que j'ai l'honneur de remplir au sein du Conseil me mettent en rapports constants avec eux, permettez-moi de porter leur santé. En vous y conviant, je réponds, j'en ai la certitude, à un désir secret de M. Chanal qui a, pour nos cadets, une sollicitude vraiment paternelle. Honorons encore notre chef dans l'une de ses plus généreuses pensées. Messieurs, je bois à nos jeunes collègues.

On applaudit encore. M. Eugène Sala, membre du conseil, lit les vers suivants de l'un de nos collègues, M. Pierre Guitton, malheureusement empêché d'assister à la réunion.

Permettès-mi, cher Président,
De vous canta, coumo present,
Su ma paouro lyro felado
Lou souvèni de la souarado
Que nous a fa, ièr tant de ben.

De vous, tout ce que moun couar penso
Vous v'an tout dit, tout exprima;
Mi resto plus qu'à vous aïma!...
Ah! sieou segu que la presenso
De tout un troun d'amenistra
Vous a, moun cher, maï penetra
Que leis paraoulo tant flatouso,
Tant amicalo, tant erouso,
E justo, de l'ami Pageou;
Que leis vers tant frès e tant beou
De nouestreis dous aoutreis coulègo
Que suivi de lun, à cent lègo;
Que leis propaou de Chambellan
Liegi dins un sublime élan
Que lou discour de l'aoutre vici,
'Mè de Milan ooussi proupici.
Ah! ce que din la soucieta
Sias noueste péro incontesta!

Et pui que joïo, ah! qu'unto festo
Quan Pageou, dessu vouesto resto
Li placè la pichouno crous...
Ah! que moumen sublime e dous!
Que frenisien dedin la sallo!
Semblavo un roulamen de ballo!...
Un milié d'aploudissimen
Diguè nouestre countentamen.

La paraoulo vous es passado,
Alors, su naoutri, per brassado,
Toumboun leis imagi, leis flour
Coumo quan ploou, doou cielè, à brour.

E souto d'aco, la famio,
Proji de miejo-nuech, s'esquio,
Chasque membre lou couar erous
De vous veirè pouarta la crous!

PIERRE GUITTON

Des félicitations sont votées au poète qui en sera informé par lettre.

M. Pagès reprend la parole.

MESSIEURS,

M. Auguste Bouge, député de Marseille, qui a pris, comme je vous l'ai déjà dit, une si large part à la haute distinction que nous avons fêtée avant-hier, me charge de porter un double toast :

A la santé de M. Chanal, notre cher Président, et à la prospérité de notre grande Société des Commis !

J'ai à m'acquitter d'une tâche identique au nom d'un admirateur de notre Société, un des mutualistes les plus éminents de France, M. Vermont, Président de l'Émulation Chrétienne de Rouen, qui m'a exprimé, en termes des plus chaleureux, toute la satisfaction que lui avait causée la décoration de notre Président.

Et pour témoigner toute la sympathie que nous avons pour ces deux amis si dévoués à notre œuvre, je vous propose de boire à leur santé.

Messieurs,
A Monsieur Bouge,
A Monsieur Vermont.

Les verres se lèvent avec entrain. La série des toasts, toujours trop longue en pareille circonstance, ne semble nullement fatiguer l'auditoire, puisque celui-ci réclame avec insistance une deuxième audition des vers composés et lus par M. H. Milleret, le vendredi précédent. Notre premier agent souscrit très volontiers au désir qui lui est exprimé.

Et puis le bal s'organise, les danses se prolongent jusqu'à 2 h. du matin, très allégrement menées par la musique placée sous la direction de notre collègue, M. Bazill.

Comme on le voit, le punch offert à M. Chanal et la fête annuelle de la Société ont eu des rapports trop étroits pour qu'il ait été possible d'en faire l'historique séparément. D'ailleurs, nous le répétons, dans l'une comme dans l'autre réunion, c'est encore à l'Association que revient le plus de gloire et de profit.

Pour clôturer, dans la Société du moins, cette période d'heureuse agitation, M. le Président Chanal conviait tous ses collègues du Conseil le dimanche, 22 novembre dernier, à déjeuner avec lui à l'établissement Giroudy. Les choses ayant été faites grandement, le repas a été trouvé exquis. Le mot d'ordre donné par l'amphytrion lui-même était : « Pas de discours. » Mais, en guise de toast, M. Chanal a fait don à chacun de ses invités de sa photographie exécutée par l'habile photographe de notre ville, M. Fabre, que nous avons le plaisir de compter parmi nos collègues.

Notre tâche est terminée. Puisse la lecture de ces pages susciter parmi nous de nouvelles ardeurs pour le plus grand bien de notre grande Association fraternelle. Puissent, dans l'avenir, nos continuateurs, quand ils liront ces lignes, vibrer encore des douces émotions qu'elles ont voulu retracer; ce leur sera une preuve qu'ils auront, eux aussi, la foi dans l'œuvre commune et la légitime ambition d'en faire, dans ce milieu si intéressant des commis, un instrument de philanthropie, de progrès et de paix.

LE CONSEIL D'ADMINISTRATION.

www.ingramcontent.com/pod-product-compliance
Lightning Source LLC
Chambersburg PA
CBHW070708050426
42451CB00008B/545